海瑞的故事

吳晗 著

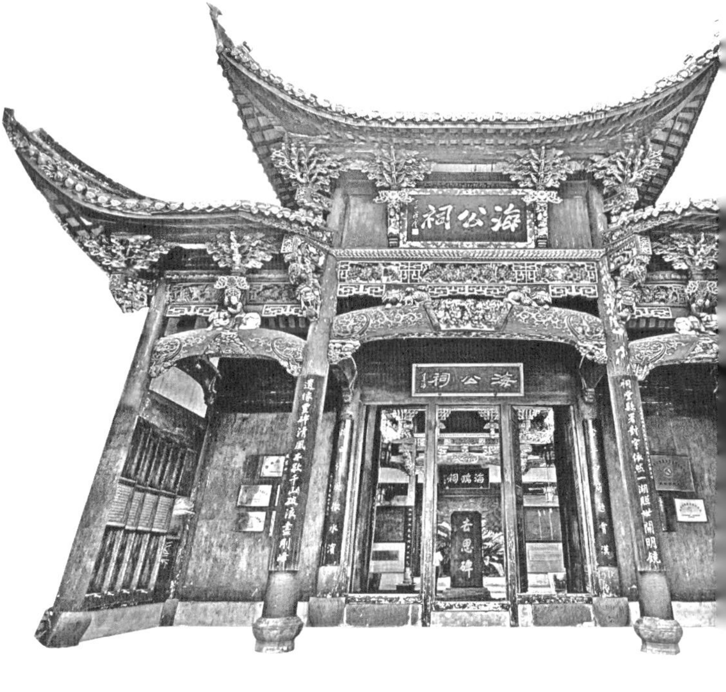

中和出版
OPEN PAGE

出版緣起

我們推出的這套「大家歷史小叢書」，由著名學者或專家撰寫，內容既精專、又通俗易懂，其中不少名家名作堪稱經典。

本叢書所選編的書目中既有斷代史，又有歷代典型人物、文化成就、重要事件，也包括與歷史有關的理論、民俗等話題。希望透過主幹與枝葉，共同呈現一個較為豐富的中國歷史面目，以饗讀者。因部分著作成書較早，思想和主張有作者所處時代的印記，作者行文用語具時代特徵，我們尊重及保持其原貌，不做現代漢語的規範化統一。

中和編輯部

目錄

I. 海瑞的故事

再版題記

這本小冊子是把三篇文章合在一起編成的。

第一篇《海瑞的故事》發表在《新觀察》。第二篇《清官海瑞》，發表在《北京日報》，署名趙彥。第三篇《海瑞罵皇帝》，發表在《人民日報》，署名劉勉之。為了便於讀者閱讀，這次重版，把文中一些生僻的文字和名詞，做了些注釋和修改，內容也做了些調整。

吳晗一九六二年四月

一、海瑞的故事

（一）

海瑞的時代，是明封建王朝從全盛走向衰落的時代。他生在正德九年，死於萬曆十五年（一五一四——一五八七），一生經歷了正德、嘉靖、隆慶、萬曆四個皇帝。這幾十年中，社會情況發生了很大變化，土地更加集中了。皇帝侵奪百姓的土地，建立無數皇莊，各地親王和勳戚、貴族、大官僚都有莊田，親王的莊田從幾千頃到幾萬頃。嘉靖時的宰相嚴嵩和徐階都是當時最大的地主。萬曆時期有一個地主的田地多到七萬頃。農民的土地被地主所侵奪，淪為佃農、莊客，過着牛馬般的生活。莊園的莊頭作威作福，欺侮百姓。貴族和官僚的家裡養着無數的奴僕，有的是用錢買的，有的是農民不堪賦役負擔，投靠來的。他們終年為主人服役，除家庭勞役外，有的學習歌舞、演戲，有的紡紗織布，四處販賣，有的替主人經營商業，開設店舖，沒有工資，也沒有自由，世代子孫都陷於同一命運。國家所控制的人口減少了，因為一方面農民大量逃亡，流散四方，另一方面一部分人口淪落為奴僕，戶口冊上的人口數字日漸減少。同時土地的數字也減少了，這是因為農民流亡，田地拋荒；莊田數目越來越大，莊田主的貴族和官僚想法不交或少交錢糧，這樣，向國家繳納地租的土地就越來越少。更嚴重的是中小地主和上中農為了逃避賦役，隱蔽在大地主戶下，大地主的土地越多，勢力越大，把應出的賦役分攤在農民的頭上，農民的負擔便越重，階級矛盾便越尖銳。

這個時期，是階級矛盾日益尖銳的時期。

貪污成為政治風氣，正德時劉瑾和他的黨羽焦芳等人，公開索取賄賂，嘉靖時的嚴嵩父子、趙文華、鄢懋（yān mào）卿等人，從上到下，都要弄錢，不擇手段。以知縣來說，附加在田賦上的各項常例①就超過應得的薪俸多少倍；上京朝見，來回路費和送京官的賄賂都要農民負擔。徐階是當時有名的宰相，是嚴嵩的對頭，但是，他家就是松江最大的富豪，最大的地主，也是最大的惡霸。

京官、外官忙於貪污，水利沒有人關心了，許多河流淤塞了。學校沒有人關心了，府縣學的生員名為學生，到考試時才到學校應付。許多農民產業被奪，田地沒有了，卻得照舊納稅，打官司的人愈來愈多了。

這個時期是政治最為腐敗，貪污成為風氣的時期。

也正是這個時期，倭寇（日本海盜）猖獗（鬧得很兇的意思），沿海一帶，經常受到倭寇的威脅。浙江福建兩省被倭寇侵略最嚴重。明朝政府集中了大量兵力，把這兩省合成一個防禦性的軍事體系，設總督②管轄軍事。軍隊增加了，軍餉相應增加，這些負擔也自然落在農民身上。大地主的兼併，官吏的貪污，倭寇的侵略，使得農民生活日益困苦。表面上熙熙攘攘，一片繁榮景象，骨子裡卻蘊藏着被壓抑的千千萬萬農民的憤怒，一觸即發。

海瑞的時代就是這樣一個時代。

（二）

海瑞任浙江淳安知縣的時候，總督是嚴嵩的親信胡宗憲。

淳安是山區，土地貧瘠，老百姓都很窮，山上只產茶、竹、杉、柏，山下的好田地都被大族佔了，老百姓窮得吃不上飯。這個縣又處在新安江下游，是水陸交通的樞紐，朝廷使臣，來往官僚過客，都要地方接待。例如經過一個普通官，就要用銀二三十兩；經過巡鹽御史、巡按御史等監察官員③，要用銀一二百兩；巡撫④出巡，則要用銀三四百兩。這都要百姓賠墊。他們坐船要支應船夫，走陸路要支應馬匹夫役。地方窮，負擔重。

有一次，胡宗憲的兒子經過淳安，仗着是總督公子，作威作福，嫌驛站（傳遞文書的站）的馬匹不稱心，供應不周到，大發脾氣，喝令跟人把驛吏捆了，倒掛在樹上。驛站的人慌了，跑到縣衙要辦法，海瑞說：「不慌，我自有主張。」他帶人走到驛站，一大堆人在圍着看熱鬧。鮮衣華服的胡公子還在指手畫腳罵人，一看海瑞來，正要分說。海瑞不理會，徑自進驛站去，一看胡公子帶的大箱子小箱子幾十個，都貼着總督衙門封條，就有了主意。立刻變了臉色，叫人把箱子打開，都沉甸甸的，原來裝着好幾千兩銀子呢。海瑞對着眾人說：「這棍徒真可惡，竟敢假冒總督家裡人，敗壞總督官聲！上次總督出來巡查時，再三佈告，叫地方上不要鋪張，不要浪費。你們看這棍徒帶着這麼多行李，這麼多銀子，怎麼會是胡總督的兒子，一定是假冒的，要嚴辦！」把幾千兩銀子都充了公，交給國庫，寫一封信把情由說了，連人帶行李一併送交胡宗憲。胡宗憲看了，氣得說不出話，怕海瑞真的把事情鬧大，自己理屈，只好算了，竟自不敢聲張。

海知縣拿辦總督公子的新聞轟動了淳安，傳遍了東南，老百姓人人稱快，貴族官僚子弟個個頭痛，罵他不識時務。

更使人高興稱快的是另一件事：海瑞擋了都御史的駕，拒絕他入

這棍徒真可惡，竟敢假冒總督家裡人

境。這在當時說來，是件了不得的駭人聽聞的大事。

鄢懋卿是當時宰相大奸臣嚴嵩父子的親信，嘉靖三十五年（一五五六）以左副都御史的身份，出京來總理兩浙（浙東、浙西）、兩淮（淮南、淮北）、長蘆、河東鹽政。

都察院左副都御史是朝廷最高級的監察官員之一，出巡地方時是欽差⑤，掌握着進退升降官吏的建議權。總理鹽政是名目，實質上是皇帝要錢用，叫他從產鹽、賣鹽上打點主意，多搞些錢。

鄢懋卿以監察官、欽差大臣的身份，加上有嚴家父子做靠山，一到地方，威風得很，利用職權，收受賄賂，給錢的是好官，給多的便答應升官，給少的便找題目磨難，非吃飽了不走。總之，不管官大官小，甚麼地方，甚麼官，非給他錢不可，非給夠了不走。不這樣做，除非不打算做官才行。

不只送賄賂，還要大大地鋪張供應、迎送。地方長官巡撫、按察使、知府⑥、知縣，大大小小都得跪着接送。吃飯要供應山珍海味，住處要張燈結彩。在揚州，地方請吃飯，一頓飯就花了一千多兩銀子。他還帶着老婆一起，老婆坐五彩搭的轎子，用十二個女子抬。連廁所都用錦緞做墊，便壺都用銀子做。

一天，輪到要巡查嚴州（今浙江建德）了，要路過淳安。全縣人都焦急，不知怎麼辦才好。

欽差、監察官、地方長官到地方巡查，照例都要發一套條約或告示，說明來意和地方應注意事項，並且大體上也都按着老規矩，照前任的抄一遍。告示內少不得要說些力戒鋪張、務從節儉等冠冕堂皇的話。海瑞研究了好久，一想對了，即以其人之話還治其人之身。便對差官說，淳安地方小，百姓窮，容不下都老爺的大駕，請從別處走吧，省得百姓為難。他親自寫一封信給鄢懋卿，信上說：

細讀您的佈告，知道您一向喜歡簡樸，不喜歡逢迎。您說「凡飲食供應，都應儉樸，不要過分奢侈，浪費人民錢財。」您又說，「現在民窮財盡，寬一分，人民就得一分好處，一定要體諒。」您的種種懇切的教導，說的很多。我相信您的話是為國為民，是從心裡說出來的，絕非空話。

但是，您奉命南下以後，沿途情況，浙江派的前路探聽的人都說，各處都辦酒席，每席要花三四百兩銀子，平常伙食都是山禽野味，不易弄到的東西。供應極為華麗，連便壺都用銀子做。這種排場，是和您頒行的佈告大大相反的。

都察院長官出來檢查鹽政，是少有的事。因為少有，所以百姓有疾苦的要來告狀，有貪酷行為的官要改心，百姓也會得到少有的好處。現在情況是州縣怕接待不周到，得罪都察院長官，極力買辦。百姓為出錢傷腦筋，怨聲不絕。百姓沒有得到少有的好處，反而苦於少有的破費。這可能是地方官屬奉承您，以為您喜歡巴結、不喜歡說實話，揣摩錯了您的真正用心吧。

鹽法毛病，我曉得一些，沒有全盤研究，不敢亂說。只是這一件事，是我耳聞目見的。您如來了，東西準備了，縱使您一概不受，但是東西既然買了，必然要用許多錢，百姓怨恨，誰當得起？地方官屬以今時俗例來猜測您，我又很怕您將來會因為地方官屬瞎張羅，不利於執守禮法，而後悔不及。這個害比鹽法不通還要大，所以敢把這些意見一一告訴您。

義正詞嚴，話又說得很委婉。鄢懋卿看了，氣得發抖，想尋事革掉他的官，但他是清官，名聲好，革不得。就此過去，又氣不過。只好放在心中，把這封信藏起來，批「照佈告辦」，嚴州也不去了。

嚴州知府正忙着準備迎接，聽說都老爺忽然不來了，正在納悶，怕出了甚麼岔子。後來才知道是海知縣寫了信，惹了禍。怕連累自己，大怒，海瑞一進來，就拍桌子大罵：「你多大的官兒，敢這樣！」罵不停口。海瑞不說一句話，等罵完了，氣稍平了，作了一個揖就走，以後也不再說甚麼。等到鄢懋卿巡查完了，走了，嚴州府上下官員一個也沒出事，知府這才放了心，過意不去，見海瑞時連說：「好了淳安百姓，難為了你，難為了你！」

鄢懋卿恨極海瑞，要報復，叫他管下的巡鹽御史袁淳想主意。袁淳也是恨海瑞的，他巡查地方時，海瑞照規矩迎送，迎的不遠，送的也不遠，供應不豐富，有甚麼需索，也是討價還價。這回正好一舉兩得，也報了自己的私仇。這時海瑞已得朝命升任嘉興通判（知府的副職），便找一個公文上的手續不對，向朝廷告發，把海瑞降職為江西興國知縣。

（三）

海瑞從江西調到北京，後來又調到南京做了幾年官，在隆慶三年（一五六九）六月才被派為江南巡撫，巡撫衙門設在蘇州。第二年四月被革職回家，只做了半年多巡撫。

他最恨貪污，一上任，便發出佈告，嚴禁貪污，打擊豪強。他敢說敢做，連總督、都御史都不怕，誰還敢不怕他。屬下的地方官員有貪污行為的聽說他來了，嚇得心驚膽戰，罪惡較大的趕忙自動辭官。有的大族用朱紅漆大門，一聽海都堂要來，怕朱紅大門太顯耀，連夜把大門改漆成黑色。管織造的太監，常時坐八人轎子，這時嚇得減去一半。大地主們知道海瑞一向主張限田，要貫徹均平賦稅的主張，實行一條鞭法⑦，也都心懷鬼胎，提心吊膽，時刻不安。

他在做江南巡撫的幾個月中，主要做了兩件大事。一件是「除弊」，一件是「興利」。

除弊，主要的是打擊豪強，打擊大地主，要他們把非法侵佔農民的田地退出一部分還給農民。

擒賊要先擒王，江南最大地主之一是宰相徐階，這時正罷官在家。海瑞要他家退田，徐階只好退出一部分。海瑞不滿意，寫信給徐階，要他退出大半，信上說：

要大地主把侵佔農民的田地退出一部分還給農民

看到您的退田冊，更加欽佩，您是這樣使人意想不到的大賢大德。但是已退的田數還不很多，請您再加清理，多做實際行動。從前有人改變父親的做法，把七個屋子儲藏的錢，一會兒便都散光了。您以父親的身份來改正兒子的做法，有甚麼做不到的呢？

把非法侵佔民田的責任算在他兒子賬上，給他留點面子。這樣做，朝廷大官和地方鄉官都怕了，人人自危，怨聲四起。海瑞在給李石麓閣老的信中說：

存翁（徐階）近來受了許多小人的累，很吃了點苦頭。他家產業之多，真叫人驚奇，吃苦頭是他自取的。要不退出大半，老百姓是不會甘心的。有錢人盡幹壞事，如今吃了苦頭，倒是一條經驗。我要他退出大半田產，也正是為他設想，請不要認為奇怪。

官僚輿論說他矯枉過正，搞得太過火了，他說並不過火。在給譚次川侍郎的信上說：

> 矯枉過正，是從古到今一樣的道理，不嚴厲的改革，便不能糾正過錯。我所改革的都不是過正的事，一定會辦好，請放心。

又說：

> 江南糧差之重，天下少有，古今也少有。我所到過的地方，

才知道所謂富饒全是虛名，而苦難倒很嚴重，這中間可為百姓痛苦，可為百姓歎息的事，一句話是說不完的。

他不但要堅持下去，還要進一步解除百姓的痛苦，可惜幾個月後，他便被革職丟官了。

徐家的田退出，徐階的弟弟徐陟，做過侍郎，為非作歹，殘害百姓，海瑞把他逮捕了依法制裁。地方官奉行政令，不敢延誤，大地主們走不動的只好依法退田，有的便逃到別的地方避風頭。窮人田地被奪的都到巡撫衙門告狀申訴，海瑞一一依法判處。老百姓欣喜相告，從今以後有活路了。地主官僚卻非常恨海瑞，暗中組織力量，製造輿論，要把他趕走。

退田只是幫助窮民辦法的一種，另一種有效的辦法是清丈，把土地的面積弄清楚了，從而按每塊土地等級規定租稅。以此，海瑞做知縣、做巡撫，都以清丈為第一要事，在這基礎上，貫徹一條鞭的法令，在一條鞭規定所應徵收的以外，一毫不許多取。這對當時農民來說，是減輕徭役，明確負擔，提高生活，發展生產的有效措施，是對人民的德政。

興利是興水利。江蘇的吳淞江泄太湖之水，原來沿江的田畝，都靠這條江水灌溉。年代久了，沒有修治，江岸被潮水沖蝕，通道填淤，一有暴雨，便成水災，淹沒田畝，水利成為水害。海瑞在親自巡行調查之後，決定修治，正月興工，同月又修治常熟縣的白茆（mǎo）河、楊家濱等河，結合賑濟飢民，用工代賑；他親自坐小船往來江上，監視工程的進行，不久就都完工了，人民大得好處。原來老百姓是不敢指望開河的，一來想這樣的政府不會做這樣的好事，二來想要做也無非要老百姓出錢。因此，流傳的民謠中有兩句話說：「要開吳淞江，除是海龍王。」

意思是永世也開不了。現在人民的願望實現了，河修好了，沒有花老百姓一個錢。

在朝官僚，在野的鄉官大族都恨海瑞。過往官僚因為海瑞裁節交通機構過多的費用，按制度辦事，奉朝命該供應馬匹和交通工具的只按制度供應，節約民力和費用，憑人情但是不合制度的一概不供應，不管你是甚麼來頭，這樣一來，這些人受了委屈，也恨海瑞。他們先後向皇帝告狀，說他偏，說他做的太過火，說他包庇壞人，打擊鄉紳，只圖自己有個好名聲，破壞國家政策。海瑞成為大官僚、大地主的公敵，被奪去巡撫職權，改督南京糧儲，專管糧餉。這時，高拱作宰相，海瑞罵過他，他也是恨海瑞的，又把管糧的職務歸併到南京戶部⑧，這樣，海瑞的職權全被剝奪，只好告病回家了。

在排擠、污辱、攻擊海瑞，保衛自己的利益的這群朝官中，吏科給事中⑨戴鳳翔是個代表人物。他向皇帝告狀，說江南在海瑞的治理下，百姓成為老虎，鄉官是肉，海瑞叫百姓拿鄉官當肉吃，把鄉官弄苦了。海瑞很生氣，立刻回擊，也上疏⑩給皇帝說：

華亭縣（今上海市松江縣）鄉官田宅特別多，奴僕特別多，老百姓十分怨恨。這種情況，恐怕在全國各地都找不出……老百姓告鄉官霸佔田產的有幾萬人……二十年以來，地方府縣官都偏聽鄉官、舉人、監生⑪的話，替他們撐腰，弄得老百姓的田產一天天少下去，鄉官卻一天天富起來……戴鳳翔說百姓是老虎，鄉官是肉。他卻不知道鄉官已經做了二十多年老虎，老百姓做了二十多年的肉。今天鄉官的肉，本是老百姓原有的肉；原先被搶走，如今還出來，本來也不是鄉官的肉啊！何況過去鄉官搶佔老百姓十分，如今只還一分，還得並不多，卻就大叫大鬧了。我看鳳翔在家鄉，也是這樣的鄉官。

話說得非常鋒利，有力量，既說明了情況，也指出了問題。鄉官二十多年來做老虎吃老百姓，你們不說話。如今只要鄉官還給老百姓原來屬於他們自己的一點田地，而且只還了十分之一，你們就說老百姓是老虎吃鄉官了。就說是肉吧，也是老百姓原有之肉，先前你們硬奪老百姓的肉，如今就該還，這有甚麼值得大驚小怪的。末了，一針見血地指出，戴鳳翔替鄉官訴苦，這些是鄉官的話，也是戴鳳翔自己的話，戴鳳翔要是不在朝，住在家裡，也一定是隻專吃老百姓的老虎。

海瑞不斷遭到鄉官在朝代言人的攻擊，很憤慨。他給人的信中說：「一切計劃，只有修治吳淞江的水患，因進行得快而成功了，其他都是將近成功就中止，怎麼辦，怎麼辦！這等世界，做得成甚麼事業！」給皇帝告養病的疏中說，在他巡撫任上所行興利除害的一些辦法，都是採訪人民意見、研究過去制度而規定的，要求不要輕易改變。並說宰相光聽一些不負責任的話，多議論，少成功，靠不住；滿朝大官都是婦人，皇上不要聽信他們。用「婦人」罵人，是封建時代的錯誤看法。用「婦人」罵人，而且把滿朝大官一概罵盡，也是很不策略的。但是由此可見他的憤慨程度；同時也說明了海瑞這次罷官以後，在朝掌權的人一連十幾年都沒有理會他，連萬曆初年名相張居正也不肯起用他。

是的，像海瑞這種愛護人民，一切為老百姓着想，不怕封建官僚勢力，不要錢，不怕死的清官，在靠剝削人民存在的封建社會裡，又怎麼能站得住腳，做得成甚麼事業呢！

注釋：

① 常例是一種附加税，津貼知縣用費，變相的但又是合法的貪污行為。

② 總督是地方的最高長官，轄一省或二三省，總攬軍民要政。

③ 都察院是朝廷負責糾察彈劾的衙門，都御史、左右副都御史是都察院的正副長官。其下有僉都御史。這些都是都察院的高級監察官員。另外，對地方各道派有監察御史，按其工作性質分巡按御史（管司法）、巡鹽御史（管鹽政）、提學御史（管教育）等。巡按御史出巡時亦稱按院。

④ 巡撫是比總督低一級的地方高級官員，管一省的軍事和政治。也稱撫台、都堂。

⑤ 欽差是由皇帝特派出京，代表皇帝查辦政務的官員。

⑥ 明朝的時候，辦理一省刑政和檢查官員紀律的機關叫提刑按察使司，簡稱按察司，長官叫作按察使。明時一省分幾個府，一府管幾個州、縣，府的

長官叫知府。

⑦ 一條鞭法是明朝萬曆年間，把丁役、土貢等都歸併在田賦內，按畝徵收的一種收稅辦法。

⑧ 明朝自永樂皇帝遷都北京後，仍在南京保留中央政府的組織，和北京同時設有吏、戶、禮、兵、刑、工六部，分管各有關的政務。各部的長官叫作尚書，副長官叫作侍郎。戶部是管財政經濟的。

⑨ 管檢查吏部工作的官員。

⑩ 封建時代臣下向皇帝陳述事情的報告叫「疏」。

⑪ 科舉取士制度，規定每隔三年開一次鄉試，應鄉試的是有秀才或監生資格的人，鄉試取中的就稱為舉人。監生，即是對有入國子監讀書資格的人的簡稱。

二、清官海瑞

海瑞反對浪費，反對貪污，廉潔儉樸，是明朝著名的清官，也是封建時代著名的好官。

他以舉人任福建延平府南平縣儒學教諭①，一到任便申明教約：學生除參見拜揖外，不許送禮；送酒食請先生吃的俗例，一概不許舉行。上官覺得很奇怪，後來弄清楚了，對他十分敬重。

提學御史到學宮行禮，縣官和縣學訓導都跪着迎接，只有海瑞站着，不肯跪，說這是學校，是師長教學生的地方，不是衙門，不應該跪。

只有海瑞站着，不肯跪

他正好站在兩個訓導中間，人們傳開了，叫他「筆架博士」。

嘉靖三十七年（一五五八）他升任浙江淳安知縣。研究了縣裡情況，知道人民痛苦萬狀，歎氣說：「天下事都被秀才官做壞了。不只是不才的官，貪污殘暴，專門弄錢；就是好官，也是公道和私心，時時在心中鬥爭，常常搜刮民脂民膏來拉攏朋友，博取好名聲。百姓窮了，又都說是朝廷賦稅重。我看不可以這樣說，因為賦稅雖重，還有定額，離十中收一不遠；可是額外的無名的負擔卻多得不得了，這並不是朝廷規定的，是地方上自己規定的！」明朝制度，知縣薪俸不多，但按田糧里甲徵收的常例卻很多。海瑞把常例革了，只領應得的薪水。過去供應縣衙都是里甲負擔，每人每年要出四五兩銀子，海瑞算了賬，每人只收兩錢銀子，一切用度，都在這筆錢上開銷。上官下命令要縣裡送錢給境內的鄉官，從前是要多少就得給多少的，海瑞卻不然，看罰款積存情況，有就送一點，沒有就不送。按當時規矩，知縣上京朝見，要帶許多金銀綢緞，分送有關京官。老百姓都説，朝見年是京官收租的年頭。這筆賄賂來源，舊例每年由百姓攤派，每里一兩，淳安縣有八十里，三年合計銀二百四十兩。外加朝見年的特別攤派，每人出銀二錢，共銀一百六十兩。臨行時，各里還得送禮，縣官還可以從罰款和其他雜項中想主意，加上其他攤派，作為上京本錢。其中要送七十二兩給知府，十二兩給府裡的官員，六兩給府吏，其他便是知縣自己的了。海瑞在任內上京兩次，只用路費銀四十八兩，送吏十二兩，造戶口冊十一兩七錢五分，其他舊例，一概革除。巡撫、按院出巡，地方官必須送錢給這兩個衙門的師爺，不這樣做，會出禍事。海瑞堅決不肯，説：「充軍也好，死罪也好，都甘心忍受，這等小偷勾當卻幹不得。」京中要人要送禮物，外官入京講「交際」（實際是賄賂），當時人認為要做官，不這樣做是不行的。海瑞説：

在衙門內空地裡種蔬菜莊稼

「全天下的官都不給上官行賄，難道就都不升官？全天下的官都給上官行賄，又難道都不降官？怎麼可以拿這個來自欺欺人呢！」他只靠月薪過活，穿的是布袍子，吃的是粗米飯，衙門裡有空地，自己種菜，家人上山砍柴。他為母親過生日，買了兩斤肉；總督胡宗憲當作新鮮事，到處告訴人。

他離開淳安任所到吏部聽調，大冷天還穿着一件破絲棉袍子，吏部②侍郎朱鎮山勸他做件官服，才買了一件黃絹的袍子。

海瑞一生除有祖田十餘畝以外，自己沒有添置過田產。有人假冒海瑞的名義在他家鄉瓊州（在海南島澄邁以東，會樂以北地帶）一帶放債買田，海瑞聽到後便寫信給瓊州知府說：「我從做官到現在，從未回過家，俸金收入，僅僅足用，此外別無分文放債，也沒有添甚麼田產。請瓊州知府嚴加查辦。」海瑞從做教諭到巡撫，做了十八年官，只買了一

他知道了，不答應，一定要照實在田畝算

所值一百二十兩銀子的住宅，還是從薪俸節餘的錢存起來的，此外便甚麼也沒有添置。田產只有祖傳田十畝。清丈時縣吏照顧他，少算一畝八分，他知道了，不答應，一定要照實算。一家吃用，都從這祖傳的十畝田裡出，時常吃不飽。同鄉青年來談學問，講經義，實在餓狠了，只好用手按着肚子，一面還談着話，客人走了，邊談邊送，不讓人知道他捱餓。

萬曆十三年（一五八五）海瑞被起用為南京吏部右侍郎，這時他已經七十二歲了。到任後，發現兵馬司隨便開票要坊（街）上人辦公宴和其他支應。一調查，各衙門有三百多張票，都是要地方上供應，不付錢的。他歎一口氣說：「南京人民，要支應南京千百個官員出入用度，這怎麼得了，難怪百姓苦了。吏部是六部之首，怎麼可以不為百姓設想。」立刻出佈告禁革，連辦事官吏共同湊的份子和新任賀禮，一概革除。不

兵部送來柴火銀子，多算了七錢銀子，還叫人扣回去

久，升南京都察院右都御史。萬曆十五年（一五八七）十月十四日，死在任上。死前三天，兵部送來柴火銀子，多算了七錢，還叫人扣回去。死後，同官替他清點遺物，全部家財只有俸金十多兩銀子，綾、綢、葛各一匹，清苦得比一般寒士還不如。僉都御史王用汲（jí）看了，忍不住哭出聲來，和同官商量，大家湊一點錢，替他辦喪事。

海瑞一生剛直，反對模棱兩可、圓滑處世，自號剛峰，人們都稱他剛峰先生。死後③忠介。在明朝末年，海忠介公是全國皆知的人物，特別是蘇州、松江一帶的人民，一提起海都堂，便喜笑顏開。恨他罵他的人也有，是少數人，是吃過他苦頭的大地主和鄉紳。

注釋：

①明代各府、州、縣設立有儒學，管理本地的學務。縣學的正教官叫作教諭，副教官叫作訓導。

②吏部掌管全國官吏的任免、升降等職務。

③封建時代按照一定的規則和條件，給死人立個名號，來表彰他的生平，叫作謚（shì）。一般是指的皇帝給死去的大臣取的號。忠介是海瑞死後的謚號。

三、海瑞罵皇帝

在封建時代，皇帝是不可侵犯的，連皇帝的名字都要避諱，一個字不幸成為「御諱」，就得缺筆鬧殘廢，不是缺胳膊，就是缺腿，成為不全的字①。人們不小心把該避「御諱」的字寫了正字，就算犯法，要吃官司，判徒刑。至於罵皇帝，那是很少聽說過的事。真正罵過皇帝，而又罵得非常痛快的是海瑞。海瑞罵嘉靖皇帝最厲害的幾句話是：「現在人民的賦役要比平常多許多，到處都是這樣。您花了許多錢，用在宗教迷信上，而且一天比一天多，弄得老百姓都窮的光光的，這十幾年來鬧到極點。天下人民就用您改元的年號嘉靖，取這兩個字音說，『嘉靖』皆淨，家家窮得乾乾淨淨，沒有錢用。」這樣大膽直接罵皇帝的話，不僅嘉靖當了幾十年皇帝沒有聽見過，就是從各朝各代的古書上也很難找到。但卻句句刺痛了他的要害，嘉靖又氣又惱，十分冒火。

原來嘉靖做皇帝時間長了，懶得管事，不上朝，住在西苑，成天拜神作齋醮（jiào，宗教儀式），上青詞。青詞是給天神寫的信，要寫得很講究，宰相嚴嵩、徐階都因為會寫青詞得寵。政治腐敗到極點，朝臣中有人提意見的，不是殺頭，便是革職、監禁、充軍，嚇得沒人敢說話。海瑞在嘉靖四十五年（一五六六）二月上的治安疏，便是針對當時的問題，向皇帝提出質問，要求改革。他在疏中說：

「你比漢文帝②怎麼樣？你前些年倒還做些好事。這些年呢，只講修道，大興土木。二十多年不上朝，濫派官職給人。跟兩個兒子也不見

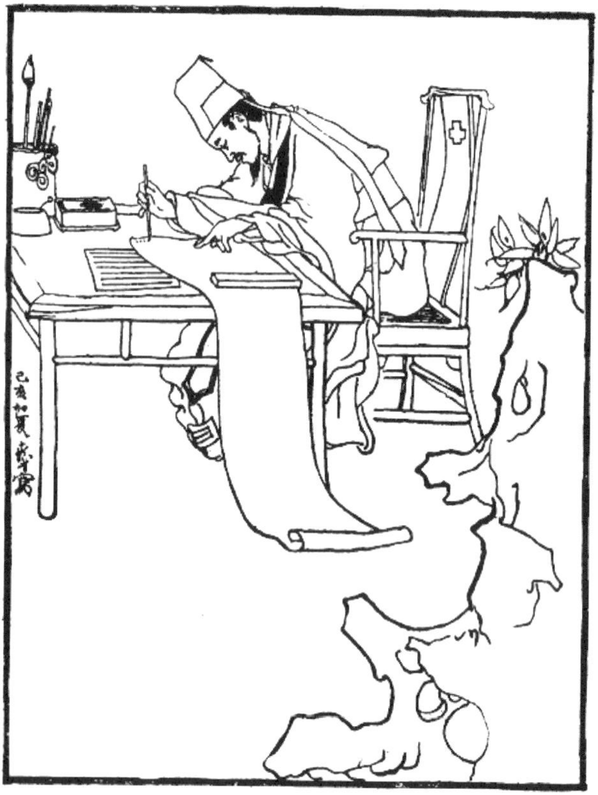

海瑞上治安疏，向皇帝提出質問，要求改革

面，人家以為你薄於父子。以猜疑誹謗殺戮（lù）臣下，人家以為你薄於君臣。盡住西苑不回宮，人家以為你薄於夫婦。弄得天下吏貪將弱，到處有農民暴動。這種情況，你即位初年也有，但沒有這樣嚴重。現在嚴嵩雖然罷相了，但是沒有甚麼改革，還不是清明世界。我看你遠不如漢文帝。」

嘉靖自比為堯，號堯齋。海瑞說他連漢文帝也不如，他怎麼能不冒火。海瑞接着又說：

「天下的人不滿意你已經很久了，內外大小官員誰都知道。

「你一意修道，只想長生不老，你的心迷惑了。過於苛斷，你的性情偏了。你自以為是，拒絕批評，你的錯誤太多了。你一心想成仙得道，長生不老。你看堯、舜、禹、湯、文王、武王③哪個活到現在？你的老師陶仲文教你長生之法，他已經死了。他不能長生，你怎麼能求長生呢？你說上天賜你仙桃、藥丸，那就更怪了，桃、藥是怎麼來的呢？是上天用手拿着給你的嗎？

「你要知道，修道沒有甚麼好處，應該立即醒悟過來，每天上朝，研究國計民生，痛改幾十年的錯誤，為人民謀些福利。

「目前的問題是君道不正，臣職不明，這是天下第一件大事。這事不說，別的還說甚麼！」

嘉靖看了，大怒，把奏本丟在地下，叫左右立刻逮捕海瑞，不要讓他跑了。宦官黃錦在旁邊說：「聽說這人自知活不了，已向妻子做了臨死告別，託人準備後事，家裡的用人都嚇得跑光了，他不會逃。這個人素性剛直，名聲很大，居官清廉，不取官家一絲一粟，是個好官呢！」嘉靖一聽海瑞不怕死，倒愣住了，又把奏本撿起來，一面讀，一面歎氣，下不了決心。過了好些日子，想起來就發脾氣，拍桌子罵人。有一天發

嘉靖一面讀，一面歎氣，下不了決心

怒打宮婢，宮婢私下哭着說：「皇帝捱了海瑞的罵，卻拿我們來出氣。」嘉靖又派人私下查訪，有誰和海瑞商量出主意的。同官的人都怕連累，看到海瑞就躲在一邊，海瑞也不以為意，在家等候坐牢。

嘉靖有時自言自語地說：「這人真比得上比干④，不過我還不是紂王。」他叫海瑞是畜物，口頭上和批處海瑞案件的文件上都不叫海瑞的名字。病久了，又有氣，和宰相徐階商量，要傳位給太子，說：「海瑞的話都對，只是我病久，怎麼能上朝辦事呢？」又說，「都是自己不好，不自愛惜，鬧了這場病。要是能上朝辦事，怎麼會捱這個人的罵。」下令逮捕海瑞下獄，追查主使的人。刑部論處海瑞死刑，嘉靖也不批覆。過了兩個月，嘉靖死了，新皇帝即位，才放海瑞出來，仍回原職，做戶部主事⑤。

海瑞大罵皇帝，同情他和支持他的人到處都是，他的名聲越來越大了。萬曆十四年（一五八六），海瑞被人向皇帝誣告，青年進士⑥顧允成、彭遵古、諸壽賢替他辯誣申救，寫的文章中說：「我們從十幾歲時，就聽說海瑞的名聲，認為是當代的偉人，永遠被人瞻仰，這是任何人都不能趕得上的。」這是當時青年人對他的評價。

＊　＊　＊

海瑞在當時，是得到人民愛戴、為人民所歌頌的。

他反對貪污，反對奢侈浪費，主張節儉，打擊豪強，幫助窮人，主持清丈田畝，貫徹一條鞭法，裁革常例，興修水利，這些作為對農民是有利的，農民愛戴他，歌頌他。他對城市人民，主要是商戶，裁減派差派捐，禁止無償供應物品，等等，這些措施對減輕城市工商業者的負擔，是有好處的。城市人民也愛戴他，歌頌他。此外，他還注意刑獄，特別是人命案件，着重調查研究，在知縣和巡撫任上，都親自審案，處理了

海瑞得到廣大人民的稱譽、讚揚，被畫像禮拜

許多積案，判清了許多冤獄。海知縣、海都堂是當時被壓抑、被欺侮、被冤屈人們的救星。他得到廣大人民的稱譽、讚揚，被畫像禮拜，被謳歌傳頌。死後，南京人民罷市，喪船過江，兩岸站滿了穿白衣來送葬的人群，奠祭拜哭的百里不絕。他的事跡，主要是審案方面的故事，一直到今天，還流傳在廣大人民中。

在封建時代，海瑞是個清廉正直的官吏。他反對壞人壞事，支持好人好事。為了人民的利益，他堅決向反動黑暗勢力鬥爭，百折不撓。他值得我們學習的地方，第一是明辨是非，第二是和黑暗勢力鬥爭到底的精神。當然，海瑞是三四百年前封建社會的人物，他的是非觀點同我們現在的是非觀點並不完全一樣，但是他的立場的鮮明與戰鬥精神的旺盛卻是值得我們效法的。

注釋：

① 例如宋太祖名叫趙匡胤，「胤」字在其他地方用時要避「御諱」，少寫一筆，寫作「胤」。

② 西漢皇帝。他執行減輕租役的政策，免收全國賦稅十二年，促進了社會生產的發展，國家開始呈現富饒的景象。

③ 堯、舜、禹、湯、文王、武王都是我國上古時代或古代傳說中的賢君。

④ 比干是殷紂王的叔父，因力諫紂王的荒淫殘暴，而被剖心殺害。

⑤ 是戶部的官員。

⑥ 科舉取士制度，在鄉試的次年由取得舉人資格的人，於北京舉行會試。會試合格的，再由皇帝親自主持一次考試叫作殿試。殿試結果，分為三甲，一甲僅三名，是狀元、榜眼、探花，稱「進士及第」；二甲稱「進士出身」；三甲稱「同進士出身」；統稱進士。

II. 論海瑞

看過《三女搶板》（或《生死牌》）的人，大概都記得那個挺身出來反對豪強，救了兩家人性命的巡撫海瑞。這是民間流傳關於海瑞的許多故事中的一個。海瑞究竟是甚麼樣的一個人呢？

海瑞（一五一四——一五八七，明武宗正德九年——神宗萬曆十五年）是我國十六世紀有名的好官、清官，是深深得到廣大人民愛戴的言行一致的政治家。他站在農民和市民的立場上向封建官僚、大地主鬥爭了一生。

一、明朝人論海瑞

為了了解海瑞，讓我們先看看當時的人們是怎樣評論他的。

總的評論是當時的人民說他好，當時的大地主說他不好。

但是，有點奇怪，反對海瑞的人中間，有不少人也還是不能不稱讚海瑞是好官，是清官，他是為民的，想做好事的，而且，也做了好事。

就明朝人的記載來看海瑞，梁雲龍所作海瑞行狀，除了敘述他的清廉，為百姓辦好事的政績以外，並說：

嗚呼！公之出、處、生、死，其關於國家氣運，吾不敢知。其學士大夫之愛、憎、疑、信，吾亦不敢知。第以公之微而家食燕私，顯而蒞官立朝，質諸其所著「嚴師教戒」，一一契券，無毫髮假。孔子所謂強哉矯，而孟子所謂大丈夫乎！古今一真男子也。

論者概其性甘淡薄，有采薇之風，天挺忠貞，有扣馬之節，謂道以伯夷，信矣。然其視斯民由己飢寒，恥厥辟不為堯舜，言動必則古昔，稱先王，蒞官必守祖宗成憲，挫折不磨，鼎鑊不避，即伊尹奚讓？望之如泰山壁立，就之如春風太和，接談無疾言，無遽色，臨難無鬱氣，無忿容，箠楚子弟臧獲，亦不見其厲色嚴聲，即柳下惠奚加？

特其質多由於天植，學未進於時中，臨事不無或過，而隘與不恭，蓋亦有焉。

全面地評價海瑞，指出海瑞是這樣一個人，言行一致，他的日常生活和政治作為，和所著《嚴師教戒》文章對證，一一符合，沒有絲毫的假。是「強哉矯」，是大丈夫，是古往今來的一個真男子。

他生活淡薄，性格忠貞，看到百姓的飢寒認為是自己的過失，以他的皇帝不像堯舜那樣為恥辱。一言一動都要説古代如何，先王如何。作官辦事則堅守祖宗朝的成法。不怕挫折，不怕犧牲。又嚴峻，又溫和，談話的時候，説得不太快，也不擺出一副難看面孔，遭遇危難也不表現那樣忿慨抑鬱。連打小孩、打奴婢，也看不到他的厲色嚴聲。

像伯夷，像伊尹，像柳下惠。

他的本性是天賦的，大概讀的書和當時人不大一樣，做事有時過了一些，窄了一些，以至有些不恭，這些毛病都是有的。

因為海瑞是被攻擊謾罵，死在任上的，所以梁雲龍很含蓄地說，這個人和時代的關係，他的出、處、生、死，和國家的關係如何，我不敢知道。學士大夫（封建統治階級）對他的愛、憎、疑、信，對他的評價到底怎樣，我也不敢知道。

梁雲龍是海瑞的同鄉，海瑞侄女的兒子，和海瑞關係很深，作行狀時他在湖廣巡撫任上，最了解海瑞。對海瑞的評價大體上應該是可信的。

此外，王宏誨的《海忠介公傳》對海瑞也是大讚特讚的，但在末後又說上一句：「乃海公之砥節礪行，而縉紳（官僚地主階級）又多遺議，何也？」這樣的好官、清官，為甚麼官僚地主階級又多說他不好呢？是甚麼道理呢？

王宏誨也是海瑞的同鄉，瓊州定安人。海瑞在批評皇帝坐牢以前，王宏誨正在北京，作翰林院庶吉士，海瑞去看他，託其料理後事，關係也很深。

這兩個人是海瑞的親戚、同鄉，也許會有人說他們有偏見。再看何喬遠所作《海瑞傳》和李贄的《海忠介公傳》，何喬遠和李贄都是福建晉江人，他們的評價和梁雲龍王宏誨是一致的。清修《明史》，對海瑞一般很稱讚（王鴻緒《明史稿》和《明史》一樣），末後論斷，也說他：「意主於利民，而行事不能無偏云。」用意是為人民謀福利，但是有些偏差。汪有典的《史外》歌頌他的政績以後，又說他：當時以為朝廷上的人懦弱無為，都像婦人女子，把人罵苦了。有人恨極了，罵他大奸極詐，欺世盜名，誣聖自賢，損君辱國。他還是不理會。

人民是愛戴海瑞的，他做了半年多應天巡撫（應天府今南京。巡撫是皇帝派遣到地方，治理一個政區的行政長官，巡撫有彈劾地方官吏之權，有指揮駐軍之權，權力很大），罷職的時候，老百姓沿街哭着送別，有些人家還畫了他的像供在中堂裡。死在南京右都御史（中央監察機關的長官）任上的時候，百姓非常哀痛，市面停止了營業，送喪穿戴着白色衣冠的行列，夾着江岸悼祭哀哭的百里不絕。

他晚年到南京做官，被御史（監察官）房寰彈劾，也就是汪有典所引的十六字罪狀，引起了統治集團內部一部分青年知識分子的公憤，提出抗議，向皇帝寫信申救。吏部辦事進士顧允成、彭遵古、諸壽賢這三個人代表這一批人說：

南直隸提學御史房寰本論右都御史海瑞，大奸極詐，欺世盜名，誣聖自賢，損君辱國。……朝野聞之，無不切齒抱憤。……

不意人間有不識廉恥二字如房寰者。

臣等自十餘歲時即聞海瑞之名，以為當朝偉人，萬代瞻仰，真有望之如在天上，人不能及者。

瑞剔歷膴仕，含辛茹苦，垂白之年，終不使廩有餘粟，囊有贏金。

瑞巡撫南畿時，所至如烈火秋霜，搏擊豪強，則權勢斂跡，禁絕侵漁，則民困立蘇，興水利，議條鞭，一切善政，至今黃童白叟，皆雅道之。近日起用，海濱無不曰海都堂又起，轉相告語，喜見眉睫。

近在留都，禁絕饋送，裁革奢侈，躬先節儉，以至百僚，振風肅紀，遠近望之，隱然有虎豹在山之勢，英風勁氣，振江南庸庸之士風，而濯之以清冷之水者，其功安可誣也。

說他們在十幾歲時就知道海瑞是當代偉人，萬代瞻仰的人物。海瑞做了多年大官，可是生活樸素，頭髮白了，沒剩甚麼糧食，也沒剩甚麼錢。做巡撫作為像烈火，像秋霜，打擊豪強，有權勢的人安分了，禁絕貪污，老百姓可以喘一口氣了。興修水利，貫徹一條鞭新法，這些好事，到現在地方上的老老小小都還想念他。聽說海都堂又來了，人們互相告訴，非常喜歡。在南京，他禁止送禮，裁革奢侈，帶頭節儉，做出榜樣，整頓紀綱，遠近的人看着，有虎豹在山之勢，英風勁氣，像一股清冷的水，把江南庸庸碌碌的士風都改變了。這樣的功績，誰能抹殺？

房寰的攻擊海瑞，把朝野的人都氣壞了。想不到人世間有不識廉恥像房寰這樣的人！

據後來另一營救海瑞的徐常吉的揭發，彈劾海瑞的房寰是甚麼樣人呢？官是提學御史（管教育的監察官），人呢？是個大貪污犯。海瑞看到南京官員作風拖拉，偷懶，很不像話，下決心整頓，依明太祖的規矩，把一個犯規的御史打了一頓。御史們怕極了，想法子要趕走這個厲害上司。房寰藉出外考試學生的機會，讓兒子和親家大收賄賂，送錢多的就錄取，名聲極壞。怕海瑞彈劾，先下手為強，就帶頭反對海瑞，造謠造得簡直不像話。

鄉官（退休居鄉的官僚）是反對海瑞的，因為鄉官恨他為百姓撐腰，強迫鄉官把侵佔的田地退還百姓。

大地主是反對海瑞的，因為海瑞一輩子貫徹一條鞭法，依新法，傜役的編派，人丁居四分之一，田糧居四分之三，農民人口多，大地主田地多，這樣就減輕了貧農和中農的負擔，大地主佔地多，按地完糧，負擔自然相應加重了，這怎麼能不恨？海瑞一輩子主張清丈，重新丈量田地，把大地主少報的隱瞞的田地都清查出來了，要按地納稅，這怎麼能不恨？

現任官員也不滿意海瑞，因為賦役銀兩實行官收官解以後，省去一道中間剝削，百姓雖然得些便益，衙門裡卻少了一筆收入了，連北京的戶部（管稅收、財政的部）也很不高興。海瑞堅持「此事於各衙門人誠不利，於百姓則為甚利」。至於禁止貪污，送禮，直接損害了現任官員們的利益，那就更不用說了。

從嘉靖（世宗）後期經隆慶（穆宗）到萬曆前期，從海瑞做官之時起，一直到死，這三十多年間，朝廷的首相是嚴嵩、徐階、李春芳、高拱、張居正等人，除了嚴嵩是個大奸臣，李春芳庸庸碌碌以外，其他三個都是有名的宰相，尤以張居正為最。

嚴嵩不必說了，這個人是不會喜歡海瑞的，其他三個名相為甚麼也反對這個好官清官呢？

徐階是嚴嵩的政敵，是他指使一批中級官員把嚴家父子參倒的，是他取嚴嵩地位而代之的。因為搞垮嚴嵩，很得人心。嘉靖帝死後，他又代草遺詔（遺囑），革去嘉靖帝在位時一些敝政，名譽很好。但是，這人正是海瑞所反對的鄉愿，凡事調停，自居中間，逃避鬥爭，不肯批評人，遇風轉舵，做事圓滑，總留有後路，不肯負責任做好事，也怕壞事沾了邊，好比中藥裡的甘草，甚麼病都可加上一味，治不好，也壞不了。正因為這樣，才能保住祿位，嚴嵩擠他不掉。也正因為這樣，官員們學了樣，成為風氣。海瑞痛恨這種作風，曾經多次提出批評意見。

當海瑞因為批評嘉靖帝坐牢的時候，嘉靖帝很生氣，遲疑了好久，和徐階商量，徐階說了些好話，算是保全了海瑞的生命。嘉靖帝死後，海瑞立刻被釋放，仍舊做戶部主事，不久調兵部，又改任尚寶司丞（管皇帝符璽的官），大理寺丞（管審判的官）。一五六九年升南京右通政（管接受文件的官），外任為應天巡撫。

徐階草遺詔改革敝政，是件好事，但是沒有和同官高拱商量，高拱很有意見。又有人彈劾高拱，高拱以為是徐階指使的，便兩下裡結了仇。一五六七年有個御史彈劾徐階的弟弟和兒子都是大惡霸，有憑有據，海瑞沒有搞清楚，以為是高拱指使，故意陷害，便和其他朝臣一樣，給皇帝寫信大罵高拱，要求把他罷斥。不久，高拱就免職了。以後又回來做首相，對海瑞當然痛恨。

徐階年紀太老，又得罪了當權的太監，一五六八年七月告老還鄉。上一年冬天海瑞到南京，一五六九年六月任應天巡撫。經過近兩年的調查研究，他明白自己偏聽偏信，徐階被彈劾的罪狀是確實的。徐家有田四十萬畝，是江南第一大地主，徐階的弟弟和兒子都是人民所痛恨的大惡霸，大部分田地都是侵佔老百姓的。他一上任就接到無數告徐家的狀子，便立刻下令退田。徐階也知道海瑞不好惹，勉強退出一部分，海瑞不滿意，親自寫信給徐階，一定要退出大半，才能結案。

徐階雖然很看重海瑞，但是強迫退田，刺痛了心，恨極了。家人作惡，都有罪證，案是翻不了的。千方百計，都想不出辦法，又忍不了這口氣。最後有人出主意，定下釜底抽薪之計，派人到北京，走新的當權太監的門路，又重賄了給事中（管彈劾的官）嘉興人戴鳳翔，買他出頭彈劾海瑞。戴鳳翔家也是地主，親戚朋友中一些人正在怕海瑞強迫退田。這一來，內外夾攻，戴鳳翔彈劾海瑞支持老百姓，凌虐縉紳，形容老百姓像虎像狼，鄉官像魚像肉，被吃得很慘，「魚肉縉紳」的罪狀，加上有內線作主，硬把海瑞趕出了巡撫衙門。

也正是海瑞任應天巡撫這一年，高拱在年底被召還入內閣（拜相），第二年升次相，一五七一年五月首相李春芳退休，高拱任首相。

一五七二年六月，高拱罷相，張居正任首相。

在徐階和高拱的政治鬥爭中，海瑞對這兩個人的看法是不正確的，對徐階只看到他好的一面，對高拱呢，恰好相反，沒有看到他好的一面。許多年後，海瑞自編文集，在罵高拱的信後附記：「一時誤聽人言，二公心事均未的確。」改變了對兩人的看法，也承認了自己的錯誤。

一五七二年張居正作了首相，一直到一五八二年病死為止。

張居正是一五六七年二月入閣的。一五六九年海瑞在應天巡撫任上時，他在內閣中是第三名，對海瑞的行政措施不很贊成。雖然張居正在貫徹一條鞭法這一方面和海瑞一致，但是，用行政命令強迫鄉官退田，卻不能同意。寫信給海瑞說：吳中不講三尺法已經很久了，你一下子要矯以繩墨，當然他們受不了，謠言沸騰，聽的人都弄糊塗了。底下說他不能幫甚麼忙，很慚愧。意思是嫌海瑞太性急，太過火了。一五七七年張居正父親死了，按封建社會禮法，是必須辭官回家守孝的，他不肯放棄權位，叫人說通皇帝，照舊在朝辦事，叫做「奪情」。這一來激怒了那些保衛封建禮法的正人君子們，認為是不孝，紛紛抗議。海瑞名氣大，又敢說敢為，雖然遠在廣東瓊州，蘇州一帶的文人們卻假造了海瑞反對張居正的彈劾信，到處流傳。到後來雖然查清楚和海瑞無關，張居正卻也恨極了海瑞。有人建議重用海瑞，他都反對。

儘管如此，高拱對海瑞的評論說：海瑞做的事，說是都好，不對。說是都不好呢？也不對。對他那些過激的不近人情的地方，不加調停（糾正）是不好的。但是，要把他那些改革積敝、為民作主的地方都改掉了，則尤其不可。張居正也說：「海剛峰（剛峰是海瑞的字）在吳，做的事情雖然有些過當，而其心則出於為民。」

地主階級反對海瑞是當然的，例如何良俊，是華亭（松江）的大地主，父親是糧長，徐階的同鄉。本人是貢生，是個鄉官。他家大概也吃過海瑞的苦頭，對海瑞是有意見的，說海瑞性既偏執，又不能和人商量（不和大地主商量），喜自用。而且改革太快，所以失敗。不說他做的事情好不好，只罵他搞快了。又說海瑞有些風顛，寡深識，缺少士大夫風度。說海瑞只養得些刁詐之人（貧農、中農），至於數百為群，鬨門要索，要索不遂，肆行劫奪。若善良百姓（富農、地主），使之詐人，尚然不肯，況肯乘風生事乎！此風一起，士夫之家，不肯買田，不肯放債，善良之民，坐而待斃，則是愛之實陷之死也。怎能說是善政呢？幸虧海公轉任了，此風稍息，但是人心動搖，到今天還沒有安定下來。罵他搞糟了。

何良俊的《四友齋叢說》序文寫於一五六九年，正是海瑞任應天巡撫這一年。他寫的這幾條批評，按語氣應在一五七〇年和一五七一年，書大概是這年以後刻的。他儘管站在大地主立場，罵了海瑞，但畢竟不能不說幾句公道話：「海剛峰不怕死，不要錢，真是錚錚一漢子！」又說：「前年海剛峰來巡撫，遂一力開吳淞江，隆慶四年、五年（一五七〇、一五七一）皆有大水，不至病農，即開吳淞江之力也。非海公肯擔當，安能了此一大事哉！」淞江一帶鄉官兼營工商業，海瑞要加以限制，何良俊認為：「吾松士大夫工商不可謂不眾矣，民安得不貧哉！海剛峰欲為之制數度量，亦未必可盡非。」

海瑞也還有幾個支持他的朋友，一個是一五六五年入閣的李春芳，第二年升次相，一五六八年任首相。海瑞疏浚吳淞江和救災等工作都曾得到李春芳的支持。另一個是朱衡，從任福建提學副使時，就很器重海瑞，後來做吏部侍郎（管銓敘官吏的副部長）推薦海瑞做興國知縣，戶部雲南司主事，到做了工部尚書（管建築工程的部長），還支持海瑞大搞水利。一個是陸光祖，海瑞從興國知縣內調，就是他當吏部文選司郎中（吏部的司長）時的事。

在海瑞閒居家鄉的時候，有些支持他的人，紛紛建議起用。這些人雖然不一定是他的朋友，但在事業上可以這樣說，是同情和崇敬海瑞的。

海瑞是同官僚地主做鬥爭的。既然如此，為甚麼官僚地主中又有人稱讚他呢？這一方面是由於海瑞在人民中間的威望，一方面也是由於海瑞的鬥爭究竟還沒有突破封建制度所能容許的限度。海瑞在主觀上和客觀上都還是忠君愛國的，所以何良俊說：「海剛峰之意無非為民，為民，為朝廷也。」他和官僚地主有矛盾的一面，但也有一致的一面，因之，有些官僚地主們在大罵、排擠、攻擊之後，也還是說海瑞一些好話。

二、鬥爭的一生

海瑞的一生是鬥爭的一生，他反對壞人壞事，不屈不撓，從不灰心喪氣，勇敢地把全生命投入戰鬥。

海瑞，廣東瓊山人。先世是軍人。祖父是舉人，做過知縣。父親是廩生，不大念書也不大理家的浪子，在海瑞四歲時便死去了。叔伯四人都是舉人，其中一個中了進士，做過御史。

海瑞雖然出生在這樣一個官僚家庭，但家境並不好，祖上留下十多畝田地，光收些租子是不夠過活的。他母親謝氏生性剛直嚴肅，二十八歲死了丈夫，便自己撫育孤兒，做些針線貼補過日子。教兒子讀《孝經》《大學》《中庸》這些書。兒子長大了，盡心找嚴厲通達的先生，督責功課很嚴格。

這樣，海瑞雖然出身於地主階級，但生活並不寬裕，和窮苦人民接觸的機會多，同情貧農、中農，對大地主有反感。另一面，他受了嚴格的封建教育，遵守封建禮法，在政治上也必然道往古，稱先王，維護封建統治階級的利益。

他不是哲學家，但深受王陽明的影響。當時正是王學盛行的時代，師友中有不少人是王派學者。王學的要點除了主要方面是唯心主義以外，還有提倡知行合一、理論和行動一致的積極方面。海瑞也主張德行屬行，講學屬知，德行好的道理也會講得好，真實讀書的人也不肯棄身於小人，知和行決不是兩件事。因此，他一生最恨的是知和行不一致的人，這種人明知是好事而不敢做，明知是壞事而不敢反對，遇事站在中間，逃避鬥爭，甚至腳踏兩頭船，一味講調停，和稀泥。這種人他叫作鄉愿，客氣一點叫甘草。在《鄉愿亂德》一文中說：「善處世則必鄉愿之為而已。所稱賢士大夫，不免正道、鄉愿調停行之。鄉愿去大奸惡不甚遠。今人不為大惡，必為鄉愿，事在一時，毒流後世，鄉愿之害如此！」他以為孟子之功，不在禹下，以惡鄉愿為第一。到處揭露鄉愿的罪狀，在坐牢以前，去看同鄉翰林院庶吉士王宏誨，痛心地說：「現在醫國的只一味甘草，處世的只兩字鄉愿。」這時候當國的首相便是徐階。後來他在給徐階的兒子信裡也說：「尊翁以調停國手自許，然調停處得之者少，調停處失之者多。」

在《嚴師教戒》文章中，他指出批評的好處，要求批評，接受批評：「若人能攻我之病，我又能受人之攻，非義友耶？」自問自答，提出做人的標準，不白白活下去的意義：「有此生必求無忝此生，而後可無忝者。聖人我師，一一放而行之，非今所競躋巍科，陟膴仕之謂也。……入府縣而得錢易易焉，宮室妻女，無寧一動其心於此乎？昔有所操，今或為惘惘者一易之乎？財帛世界，無能屹中流之砥乎？將言者而不能行，抑行則愧影，寢則愧衾，徒對人口語以自雄乎？質冕裳而有媚心焉，無能以義自亢乎？參之衣狐貉而有恥心焉，忘我之為重乎？或疚中而氣餒焉，不能長江大河，若浩然而莫御矣乎？小有得則矜能，在人而忌，前有利達，不能無競心乎？諱己之疾，凡有所事，不免於私己乎？穹天地、亙古今而不顧者，終亦不然乎？夫人非無賄之患，而無令德之難。於此有一焉，下虧爾影，上辱爾先矣。天以完節付汝，而汝不能以全體將之，亦奚顏以立於天地間耶？俯首索氣，縱其一舉，而終已於卿相之列，天下為之奔趨焉，無足齒也。嗚呼！瑞有一於此，不如此死！」大意是：

「人不要白活着，要照着聖人的話，一一學着做。不白活着並不是説要中高科，做大官。你到了府縣衙門，弄錢很容易，好房子，美麗的婦女，你會動心嗎？從前怎麼説的，會動搖嗎？錢財世界，你挺得住嗎？或者只會説可不會做，白天看自己的影子，晚上在床上都覺得慚愧，只會對人説空話充好人？看見大官想巴結，在穿狐皮袍子的人群中覺得自己寒傖，心虛氣餒，説的話不成氣派；小有成績便驕傲起來，別人做了順利的事，便想搶先；掩蓋自己的毛病，幹甚麼都存私心；頂天立地的事業，想也不肯想，要知道沒錢不是毛病，沒德才是毛病！這些事只要有這麼一條，便對不住自己，也對不住祖先！上天生你這個人是完全的，但是你把他弄殘缺了，毀了自己，你還有臉活在天地間嗎？做了這些事，即使做到卿相，天下人都為你奔走，也是不值得的。唉！我要是犯了以上任何一條過錯，還不如死的好。」這是他在做縣學教諭時對學生的教約，此後幾十年，他的生活、行事都一一照着檢查自己，照着做，沒有一句話沒有做到。

他是個唯心主義者，認為「君子之於天下，立己治人而已矣。立己治人孰為之？心為之，心自知之。若得失，心自致之。雖天下之理無微不彰」。在教學上學王陽明，把「訓蒙大意」作為教育方針，在行政措施上，也採用了王陽明的保甲法。

中了舉人以後，做福建南平縣學教諭（校長），主張學校是師長教學生的地方，教師有教師的尊嚴，不該向上官磕頭。提學御史到學校來了，別的人都跪下，只有他站在中間，像個筆架，以後得了外號，叫筆架博士。

升任浙江淳安知縣，反對大地主。

淳安山多地少，地方窮苦。地主往往有三四百畝的田產，卻沒有分毫的税，貧農收不到甚麼糧食，卻得出百十畝的稅差。由之富的愈富，窮的就更窮了。徭役也是十分繁重，每丁少的出一兩二錢銀子，多的要十幾兩。弄得「小民不勝，憔悴日甚」。解決的辦法是清丈，根據實有土地面積，重新規定賦役負擔；是均徭，均是按照負擔能力分配，按力量多少分配，沒有力量就不要負擔了。這樣，農民的負擔才減輕了些，地主們可不樂意了。

此外，他還做了不少事，改革了許多敝政。幾年後，他總結經驗，把這些措施編成一部書，叫作《淳安政事》。

特別傳誦一時的有兩件事。

一件是拿辦總督胡宗憲的公子。這位少爺路過淳安，作威作福，吊打驛吏。海瑞沒收他帶的大量銀子，還報告胡總督，此人冒充總督公子，胡作非為，敗壞總督官聲。弄得胡宗憲哭笑不得，只好自認倒霉。

一件是擋了都御史鄢懋卿的駕。鄢懋卿是嚴嵩的黨羽，以都御史奉命出來巡查鹽政，到處貪污勒索，還帶着小老婆，坐五彩輿，地方疲於供應。海瑞檢了鄢懋卿牌告上兩句照例官話，說淳安地方小，容不下都老爺的大駕。牌告說：「素性儉樸，不喜逢迎。」但是聽到你以前所到地方，鋪張供應，並不如此。怕是地方官瞎張羅的緣故。一封信把鄢懋卿頂回去，繞道過去，不來嚴州了。

連總督、都御史都敢惹，海瑞的名聲逐漸傳開了。封建時代的老百姓是怕官的，更怕大官。如今居然有不怕大官，敢頂大官的小官，敢替老百姓撐腰說話的小官，這個官自然就得到老百姓的愛戴了。

加上，海瑞很細心，重視刑獄，審案着重調查研究，注意科學證據和人情事理，幾年中平反了幾件冤獄。上官因為他精明，連鄰縣的疑難案件也調他會審了。這些案件的判決書後來都收在文集裡，小說家劇作家選取了一些，加以渲染，幾百年來在舞台上為人民所欣賞。《大紅袍》《小紅袍》《生死牌》《五彩輿》和一些公案彈詞在民間流傳很廣，叫作公案小說。也正因為公案小說的流傳，海瑞在政治上的作為反而被公案所掩蓋了。

因為得罪了胡宗憲、鄢懋卿，雖然治理淳安的政績很好，還是被排擠調職。一五六二年海瑞升嘉興通判，鄢懋卿指使黨羽彈劾，降職為江西興國知縣。

在興國一年半，辦了不少好事，清丈了田畝，減少了冗官，減輕了人民的負擔。其中最快人心的事是反對鄉官張鏊。

張鏊作過兵部尚書，在南昌養老享福。張鏊的侄子張豹、張魁到興國買木材，作威作福，無惡不作。老百姓氣苦得很。海瑞派人傳訊，他們倚仗叔父威勢，不肯來。一天忽然又跑到縣衙門大鬧。海瑞大怒，拿下張豹，送到府裡，反而判處無罪。張鏊出面寫信求情，海瑞不理。又四處求情設法，居然這兩個壞蛋搖搖擺擺回家去了。海瑞氣極，寫信向上司力爭，終於把這兩個壞蛋判了罪。

一五六四年海瑞做了京官，戶部雲南司的主事。（戶部按布政使司分司，雲南司是管這一政區的稅收的。）

兩年以後，他弄清了朝廷的情況，寫信給嘉靖帝，提出嚴厲批評。指斥皇帝迷信道教，妄想長生，二十多年不上朝，自以為是，拒絕批評，弄得君道不正，臣職不明，吏貪將弱，暴動四起。你自號堯齋，其實連漢文帝也趕不上。嘉靖帝看了，氣得發昏，丟在地下，想了又想，又撿起來看，覺得說中了毛病。歎口氣說：「這人倒比得上比干，只是我還不是紂王啊！」

海瑞早就準備好後事，連棺材都託人買了。嘉靖帝一聽說這樣，倒愣住了。不過後來還是把他關在牢裡。嘉靖帝死後，海瑞被釋出獄。

一五六九年六月，海瑞以右僉都御史巡撫應天十府。應天十府包括現在江蘇、安徽兩省大部分地方，巡撫駐在蘇州。

海瑞投身到一場激烈的鬥爭中，他要對大地主，對水災進行鬥爭。這一年江南遭到嚴重水災，夏秋多雨，田地被淹，糧食漲價，農民缺糧逃亡，情況很不好。

江南是魚米之鄉，號稱全國最富庶的地方。但實際上百姓生活很困苦，因為歷史的關係，糧、差的負擔特別重，加上土地集中的現象這二十年來特別顯著，大地主佔有的土地越多，人民的生活便越困苦。特別是松江，鄉官田宅之多，奴僕之眾，兩京十二省找不出第二個。一上任，告鄉官奪產的老百姓就有幾萬人。「二十年來，府縣官偏聽鄉官、舉人、監生，民產漸消，鄉官漸富。」真是苦難重重，數說不完。

怎麼辦？一面救災，一面治水。

怎麼辦？要大地主退田，還給老百姓；貫徹一條鞭法。

救災採工賑辦法，把賑濟和治水結合起來。鬧災荒糧食不夠吃，請准朝廷，把應該解京的糧食留下一部分當口糧。鬧水的原因，經過親自勘察，是多年來水利不修，吳淞江淤塞了，太湖的水排不出去，一遇特大雨量，便氾濫成災，得立刻疏浚。說做就做，趁冬閒開工，他坐上小船，到處巡視督工，災民一來上工有飯吃，二來土程搞好可以解決水患，變為水利，熱情很高，進度很快，不到一個月就完工了。順帶地把吳淞江北面常熟的白茆河也疏浚了。這兩項工程對人民，對生產好處很大。並且用的錢都是海瑞從各方面張羅來的，沒有加重人民負擔。以此，人民很喜歡，很感激。

這樣，他戰勝了災荒，也興修了水利。

最困難的還是限制大地主的過分剝削。要大地主退還侵佔農民的田地，等於要他們的命，不這樣做，農民缺地無地，種甚麼，吃甚麼？海瑞採用了擒賊先擒王的辦法，先從松江下手，先拿江南最大的地主鄉官徐階兄弟作榜樣，勒令退田。這一來，鄉官和大地主害怕了，着慌了，有的逃到外州縣躲風頭，有的只好忍痛退田。李贄記載這一件好事，加以總結，讚揚說：「海瑞卵翼窮民，而摧折士大夫之豪有力者，小民始忻忻有更生之望矣！」老百姓有活路了，大地主們卻認為是死路。好事才開頭，便被徐階釜底抽薪，海瑞罷職了，賊沒全擒到，反而丟了官，這是海瑞所沒有預料到的，也是封建社會統治階級利益所決定的必然的下場。

解決人民生活問題的關鍵，在海瑞看來，無過於貫徹執行一條鞭法。這個辦法不是海瑞創始的，已經有好幾十年歷史了，並且各地辦法也不盡相同。主要的方面是把過去田賦的各項各款，均徭、力差、銀差、里甲等等都編在一起，通計一省丁、糧，通派一省徭役，官收官解，除秋糧以外，一律改折銀兩交納。簡言之，就是把複雜的賦役制度簡化了，把實物賦稅的大部分改為貨幣賦稅。這個辦法不止可以減輕農民的負擔，還可以增加國家的收入，並且，在經濟發展過程中也是具有進步意義的。例如過去南糧北運，由於當時交通困難，運費由農民負擔，往往超過正稅很多，現在改折銀兩，省去昂貴的運輸費用，人民的負擔也就相應減輕了。又如徭役，實行新法以後，不問銀差、力差，只要交了錢，由官府雇工應差，農民也就可以安心生產，不再受徭役的掛累了。這樣做，對生產的促進是有好處的。只是對大地主不大好，因為按照新法，大地主有些地方的負擔，不是減輕，而是加重了，反對的意見很多。海瑞不顧地主們的反對，堅決執行，終於辦成了。成績是田不荒了，人不逃了，錢糧也不拖欠了，生產發展了。當時的人民很高興，很感激。後來史家的記載也說：「行條鞭法，遂為永利。」

應該指出，一條鞭法並不是摧毀封建剝削制度的辦法。但是，這個辦法簡化了項目和手續，比較地平均了土地的負擔，特別是減輕了貧農、中農和城市平民的某些負擔，對生產的發展是有益的，因而，也是有民主意義和進步意義的。因此，海瑞是當時人民心目中的好官，是歷史上有地位的政治家。

海瑞只做了七個月巡撫，便被大地主階級攆下台，在家鄉閒居了十六年。

萬曆十年（一五八二）六月，張居正死。萬曆十三年，海瑞已經七十二歲了，被薦任用為南京都察院右僉都御史，還沒到任，又調任南京吏部右侍郎。照一般道理說，七十多歲的老人該退休了，但是，他想了又想，好容易才有着實做一點事的機會，雖然年紀大了，精力差了，還是一股子幹勁，高高興興到南京上任。

明朝體制，南京是陪都，雖然也和北京一樣，有五府、六部、都察院等衙門，但不能決定國家大政，是安排年老的和政治上失勢官員的地方，比較清閒。海瑞卻並不因為閒官就無所作為，一到職就改革敝政，把多年來各衙門出票要街道商戶無償供應物品的陋規禁止了。他說：「要南京五城的百姓，負擔南京千百個官員的出入用度，難怪百姓苦了！吏部是六部之首，怎麼能不先想到百姓？」

當時貪污成為風氣，嚴嵩父子雖然垮了，但從宮廷到地方，依然賄賂公行，橫徵勒索。海瑞一輩子反對貪污，從做教官時起，就禁止學生送禮，做縣官革去知縣的常例（攤派在田賦上補貼縣官的陋規，一種合法的貪污）。拒絕給上官行賄，有人勸他隨和一些，他憤然說：「全天下的官都不給上官行賄，難道就都不升官？全天下的官都給上官行賄，又難道都不降官？怎麼可以為了這個來葬送自己呢？」又說：「充軍也罷，忍死罪也罷，都甘心忍受。這等小偷行徑，卻幹不得！」知縣上京朝覲，照例可以從里甲、雜項攤派四五百兩銀子以至上千兩銀子，以便進京行賄，京官把朝覲年看成是收租的年頭。海瑞在淳安任上兩次上京，只用了路費銀四十八兩，其他一概裁革。做巡撫時，拒絕人家送禮，連多年老朋友送的人情也婉言謝絕。做了多年官，過的依然是窮書生的日子。在淳安，有一天買了兩斤肉，為他母親過生日，總督胡宗憲聽見了，大為驚奇，當作新聞告訴人。罷官到京聽調，穿的衣服單薄破爛，吏部的熟人勸他，才置了一件新官服。祖上留下十多畝田地，除了母親死時，朋友送一點錢添置一點墓田以外，沒有買過一畝地。買了一所房子，用銀一百二十兩，是歷年官俸的積餘。死前三天，兵部送來柴火銀子，一算多了七錢銀子，立刻退回去。死後，同官替他清點遺物，全部家財只有薪俸銀一百五十一兩（一說只有十多兩），綾、綢、絹各一匹，連喪事都是同官湊錢辦的，看見這種情景，人們都忍不住掉下眼淚。

海瑞一生積極反對貪污，反對奢侈，主張節儉，生活樸素，是言行一致的極少見的清官。他恨極了貪官污吏，認為這是人民遭受苦難的根源，要根絕貪污，非用重刑不可。相反，像過去那樣，准許貪污犯用錢贖罪，是解決不了問題的。建議恢復枉法贓滿八十貫（千）處絞的法律。還提到明朝初年，嚴懲貪污，把貪污犯剝皮的故事。這一來，貪官污吏恐慌了，着急了，生怕海瑞剝他們的皮，聯合起來，反對海瑞。

升任都察院右僉都御史以後，海瑞整頓紀綱，援引明太祖時的辦法，用板子打御史。貪污犯房寰怕海瑞揭發，彈劾海瑞，把海瑞罵得不像人，引起了三進士的抗議。攻擊的和為海瑞申雪的人吵開了，統治階級內部發生嚴重爭論，當國的宰相呢，依然是徐階的手法，兩面都不支持，也不得罪，不參加鬥爭，希望「調停」了事。最後，房寰的貪污事實被全盤揭露，遮蓋不得了，才把他免職，這已經是海瑞死後的事了。

明末人談遷記這場爭論說：「時人大為瑞不平，房寰今傳三世而絕。」說房寰絕後是因為做了壞事。這雖然是迷信的說法，但是也可以看出當時和以後，有正義感的知識分子是同情海瑞，支持海瑞，歌頌海瑞的。

從當教官時不肯跪接御史時起，一直到建議嚴懲貪污，海瑞度過了他鬥爭的一生。

他反對鄉官、大地主的兼併；反對嚴嵩、鄢懋卿的敗壞國事，也反對徐階的「調停」「圓融」，他反對嘉靖帝的昏庸，只求無望的長生，不理國家政事；也反對地方官的額外需索，增加人民痛苦；他反對奢侈浪費;反對鄉愿,總之,他反對壞人壞事。雖然他所處的是那樣一個時代,還是堅持自己的信念,不屈不撓地鬥爭到死。

當時人對他的看法,不是說他做的全不對,而是說過火了一些,做過頭了,偏了,矯枉過直了!他不同意,反而說就是要過火,就是要過直,不如此,風氣變不過來。在給人的信中說:「矯枉過直,古今同之。不過直,不能矯其枉。然生之所矯者,未見其為過直也。」而且,「江南糧差之重,天下無有,古今無有。生至地方,始知富饒全是虛名,而苦楚特甚。其間可為百姓痛哭,可為百姓長太息者,難以一言盡也」。這種情況,光是要大地主退還一點非法侵佔的田地,又怎麼能說是過火,過直呢?應該說是不夠,而不是甚麼過直。就當時當地的情況說,就當時苦楚特甚,可為痛哭,可為長太息的百姓說,過直應該是好得很,而不是糟得很。

當時農民暴動已經發生了。他把農民暴動的原因，明確指出是因為官壞：「廣寇大都起於民窮，民窮之故多端，大抵官不得其人為第一之害。」慨歎地說：「今人居官，且莫說大有手段，可為百姓興其利，除其弊。止是不染一分一文，禁左右人不得為害，便出時套中高人者矣。」把對官的要求降低到不求做好事，只要不做壞事，不貪污，也就難得了。又說：「今人每謂做官自有套子，比做秀才不同，不可苦依死本。俗人俗見，謬妄之甚！區區惟願……執我經書死本，行己而已。如此不執，雖熟人情，老世故，百凡通融，失己失人，全無用處。」痛斥當時的社會風氣，在思想上進行堅決的鬥爭。

當然，光是執經書死本，說往古，道先王，是解決不了當前的問題的。要求官吏不落時套，不做壞事，不貪污，不講人情世故，不百凡通融，而不從社會的根本變革出發，也是不可能成功的。同樣，不改變生產關係，簡單地要求大地主退還侵佔農民的部分田地，少剝削些，農民的苦楚減輕一些，無論事實上做不到，即使做到了，也還是封建的剝削的社會，地主和農民的關係依然不變，問題還是沒有解決，也是不可能解決的。在當時情況下，這是不可能解決的社會矛盾。海瑞雖然感覺到問題嚴重，必須堅決地和壞人壞事進行鬥爭，但是，他沒有也不可能從本質上認識和解決這個矛盾。這是時代的矛盾，也是海瑞被大地主階級的代表們所排擠、攻擊，而又取得另一部分地主階級同情、支持的道理。

海瑞是封建統治階級的左派，和右派及中間派進行了長期的鬥爭。

儘管遭受多次失敗，有時候很憤慨，說出了「這等世界，做得成甚事業」的氣話。但在閒居十六年以後，有重新做事業的機會，他又以頭童齒豁的高年參加了。不氣餒，不服老，不怕挫折，真是「錚錚一漢子」。

三、海瑞的歷史地位

海瑞在當時，是得到人民愛戴，為人民所歌頌的。

他反對貪污，反對奢侈浪費，主張節儉，搏擊豪強，卵翼窮民，主持清丈田畝，貫徹一條鞭法，裁革常例，興修水利，這些作為對農民，特別對貧農、中農是有利的，農民愛戴他，歌頌他是很自然的。他對城市人民，主要是商戶，裁減里甲負擔，禁止無償供應物品等等，這些措施對減輕城市工商業者的負擔，是有好處的。城市人民愛戴他，歌頌他，也是很自然的。此外，他還注意刑獄，特別是人命案件，着重調查研究，在知縣和巡撫任上，都親自審案，處理了許多積案，昭雪了許多冤獄。對農民和地主打官司的案件，他是站在農民一邊的。海知縣、海都堂是當時被壓抑，被欺侮，被冤屈人們的救星。他得到廣大人民的稱譽、讚揚，被畫像禮拜，被謳歌傳頌，死後送喪的百里不絕。他的事跡，主要是審案方面的故事，一直到今天，還流傳在廣大人民中。

儘管海瑞在他的時代，曾經遭受攻擊、排擠、辱罵，坐過牢，丟過官，但是，就封建統治階級內部來説，他也還是被一部分人所歌頌的、讚揚的。不只是有些青年人仰慕他，以為是當代偉人，連某些反對他的人，大地主階級的某些代表人物，如高拱、張居正、何良俊等人，都不能不對他説一些好話。死後，被謚為忠介，皇帝派官祭奠，祭文裡也説了一大堆讚揚肯定的話。當時的史家何喬遠、李贄都寫了歌頌他的傳記。清修明史也把他列入大傳，雖然説他行事不能無偏，有些過火，但又說他從做知縣一直到巡撫，做的事用意主於利民，也是肯定的。

海瑞在歷史上是有地位的。

這樣的歷史人物，從今天來說，建設社會主義的新時代，該不該肯定，該不該歌頌？

答案是應該肯定，應該歌頌。

評價歷史人物，應該從當時當地的情況出發，應該從這個人的作為是否有利於當時的人民，當時的生產出發。從以上的分析，從明朝嘉靖到萬曆初期這幾十年間，從當地，海瑞作過官的地區，江蘇、安徽、浙江、江西、福建，那時代那地區的人民，以至更廣大地區的人民，是愛戴、歌頌海瑞的。反對他的人也有，只是極少數的大地主大官僚。他的主張和措施，有利於當時人民，有利於當時生產，而不利於某些大地主的兼併，不利於某些大地主的逃避賦役，轉嫁給窮苦人民的惡劣勾當。

為廣大人民所愛戴、歌頌，為少數大地主大官僚所攻擊、反對，這樣的人物，難道還不應該為我們所肯定，所歌頌嗎？

我們肯定、歌頌他一生反對壞人壞事；肯定、歌頌他一生反對貪污，反對奢侈浪費，反對鄉愿；我們肯定、歌頌他一生處處事事為百姓設想，為民謀利；我們肯定、歌頌他一生不向困難低頭，百屈不撓的鬥爭精神；我們肯定、歌頌他一生言行一致，裡外如一的實踐精神。這些品質，都是我們今天所需要學習和提倡的，而且只有社會主義時代，這些品質才能得到充分的發揚，雖然我們今天需要的海瑞和封建時代的海瑞在社會內容上有原則的不同。

在今天，建設社會主義社會的今天，我們需要站在人民立場、工人階級立場的海瑞，為建成社會主義社會而進行百折不撓鬥爭的海瑞，反對舊時代的鄉愿和今天的官僚主義的海瑞，深入群眾、領導群眾、鼓足幹勁、力爭上游的海瑞。

這樣，封建時代的海瑞，還是值得我們今天學習的。

但是，決不能也不許可假冒海瑞，歪曲海瑞。海瑞是站在人民方面的，一生反對壞人壞事，從沒有反對過好人好事。即使在徐階和高拱的鬥爭中，他沒搞清楚，對徐階只看到好的一面，不知道他壞的一面，對高拱只知道他的缺點，沒有弄明白他的政治品質好的一面，做了錯誤的支持和抨擊。但是，幾年以後，弄清楚了，就自己檢查，承認了錯誤，並且在行動上改正了這個錯誤。

有些人自命海瑞，自封「反對派」，但是，他們同海瑞相反，不站在人民方面，不站在今天的人民事業——社會主義事業方面，不去反對壞人壞事，卻專門反對好人好事，說這個搞早了，搞快了，那個搞糟了，過火了，這個過直了，那個弄偏了，這個有缺點，那個有毛病，太陽裡面找黑子，十個指頭裡專找那一個有點毛病的，儘量誇大，不及其餘，在人民群眾頭上潑冷水，泄人民群眾的氣。這樣的人，專門反對好人好事的人，反對人民事業的人，反對社會主義事業的人，不但和歷史上的海瑞毫無共同之點，而且恰好和當年海瑞所反對而又反對海瑞的大地主階級代表們的嘴臉一模一樣。廣大人民一定要把這種人揪出來，放在光天化日之下，大喝一聲，不許假冒！讓人民群眾看清他們的右傾機會主義的本來面目，根本不是甚麼海瑞！

這樣看來，研究海瑞，學習海瑞，反對對於海瑞的歪曲，是有益處的，必要的，有現實意義的。

一九五九年九月十七日

責任編輯　梅　林
書籍設計　霍明志
責任校對　江蓉甬
排　　版　肖　霞
印　　務　馮政光

書　　名　海瑞的故事
叢 書 名　大家歷史小叢書
作　　者　吳　晗
出　　版　香港中和出版有限公司
Hong Kong Open Page Publishing Co., Ltd.
香港北角英皇道四九九號北角工業大廈十八樓
http://www.hkopenpage.com
http://www.facebook.com/hkopenpage
http://weibo.com/hkopenpage
Email: info@hkopenpage.com
香港發行　香港聯合書刊物流有限公司
香港新界荃灣德士古道二二〇—二四八號荃灣工業中心十六樓
印　　刷　美雅印刷製本有限公司
香港九龍官塘榮業街六號海濱工業大廈四字樓
版　　次　二〇二二年三月香港第一版第一次印刷
規　　格　三十二開（128mm × 188mm）一〇四面
國際書號　ISBN 978-988-8763-98-6